mitteldeutscher verlag

Johanna Manke Geheime Orte

mitteldeutscher verlag

Für Josephine

Man fragt sich, wie das wohl war, und man lächelt. Man denkt an damals, und man weiß, dass es viele Jahre her ist. Man sieht die Mädchen, wie sie ihr Haar tragen, wie sie gehen, wie sie lachen, wie sie ihre Geheimnisse hüten. Hinter vorgehaltener Hand flüstern sie, was niemand hören soll, nur die eine, die beste Freundin soll es wissen. Und sie flüstern, wie man einst selbst flüsterte, und man hatte einst selbst eine beste Freundin, und man hatte einen Plan, man hatte klare Vorstellungen vom Glück. Es gab Schwüre, es gab heimliche Orte und heilige Versprechen, die Sätze hatten Macht und Wahrheit. Man lächelt, denn heute ist da kein Plan mehr, keine Vorstellung von einem alles bedeutenden Glück oder gar von einer unangezweifelten Wahrheit. Das Unbändige ist zur Erinnerung geworden, man lächelt, weil man die Mädchen, weil man sich selbst sieht, und eben dieses Lächeln jetzt ist Beweis für die Zeit, die verging, für die Zeit, die längst vorüber ist. Man lag bäuchlings auf dem Bett, man verkroch sich hinter Büchern, man verschwand in Musik, man lächelt, hört man jetzt im Radio ein Lied von damals, als man in der Hocke blieb, als man in dieser Körperhaltung noch zu verharren vermochte, als man wild entschlossen unbedingt einzuhaltende Gesetze für sich machte. Man lächelt, und man weiß, dass es viele Jahre her ist, dass es ein Leben lang her ist, dass es das eigene Leben lang her ist.

Nina Jäckle

Geheime Orte

2005

2005

2005

2006

2005

2005

2009

2006

2008

2005

Turnerinnen

Hamburg   2004

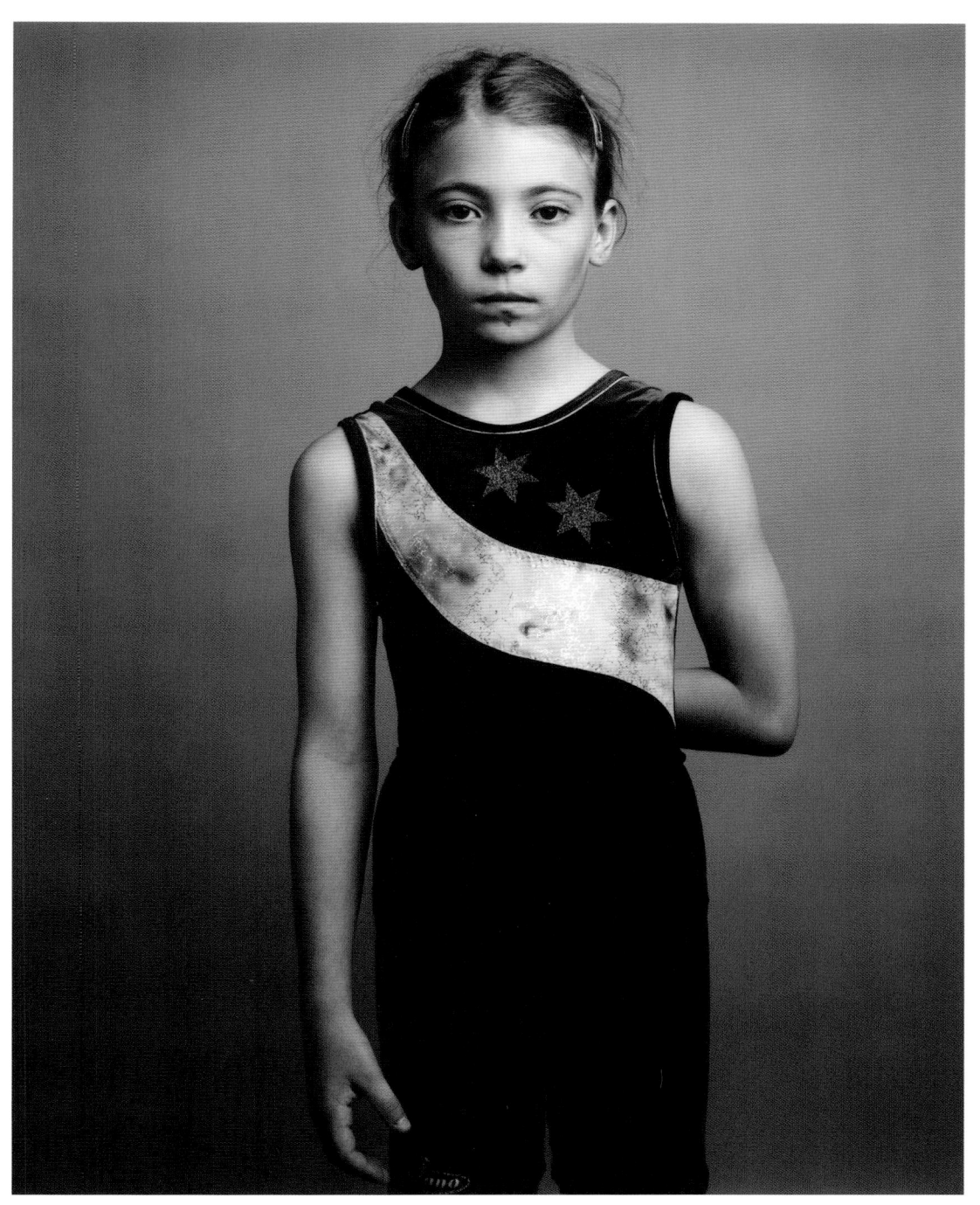

Hamburg   2004

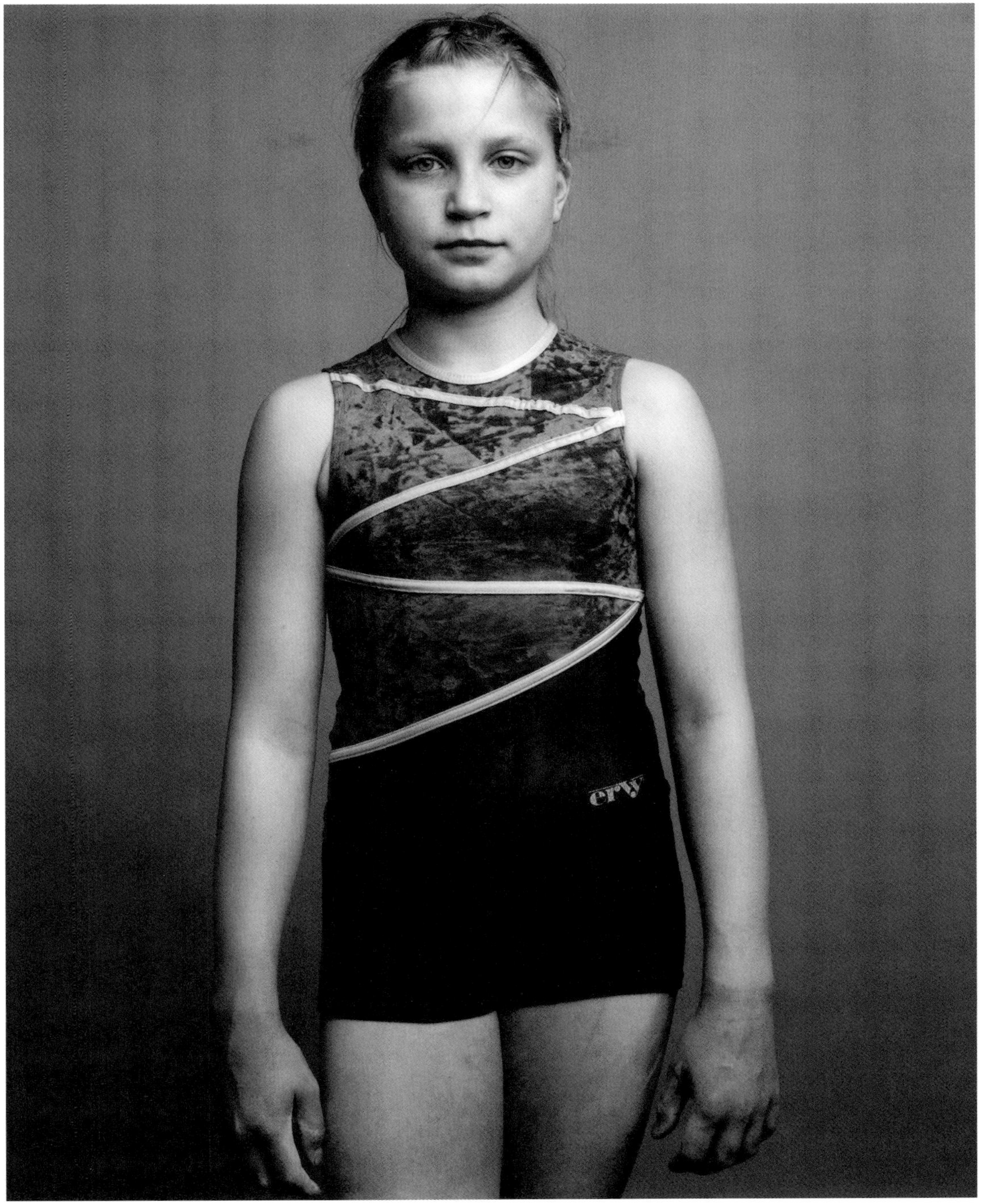

Hamburg   2004

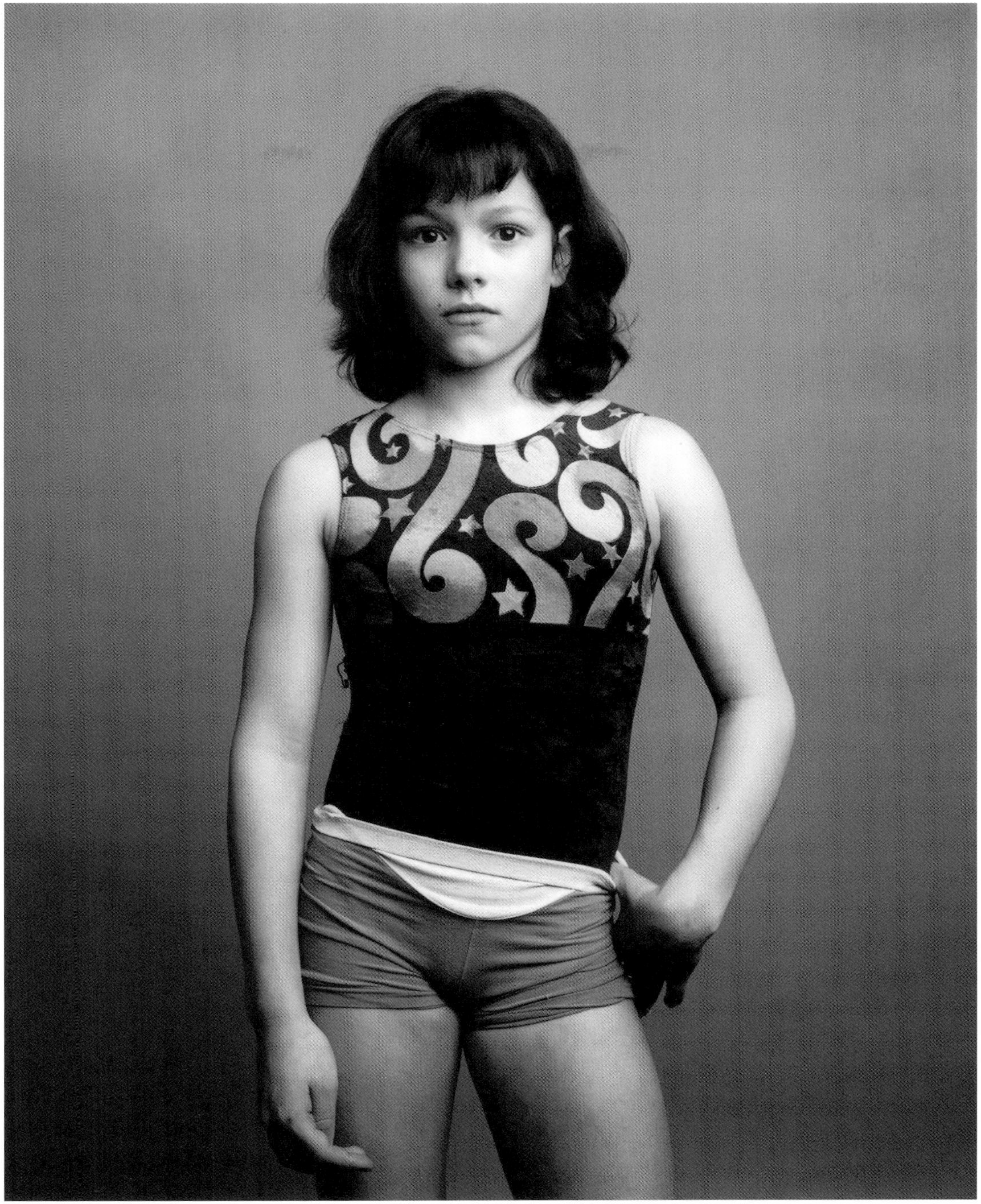

Hamburg   2004

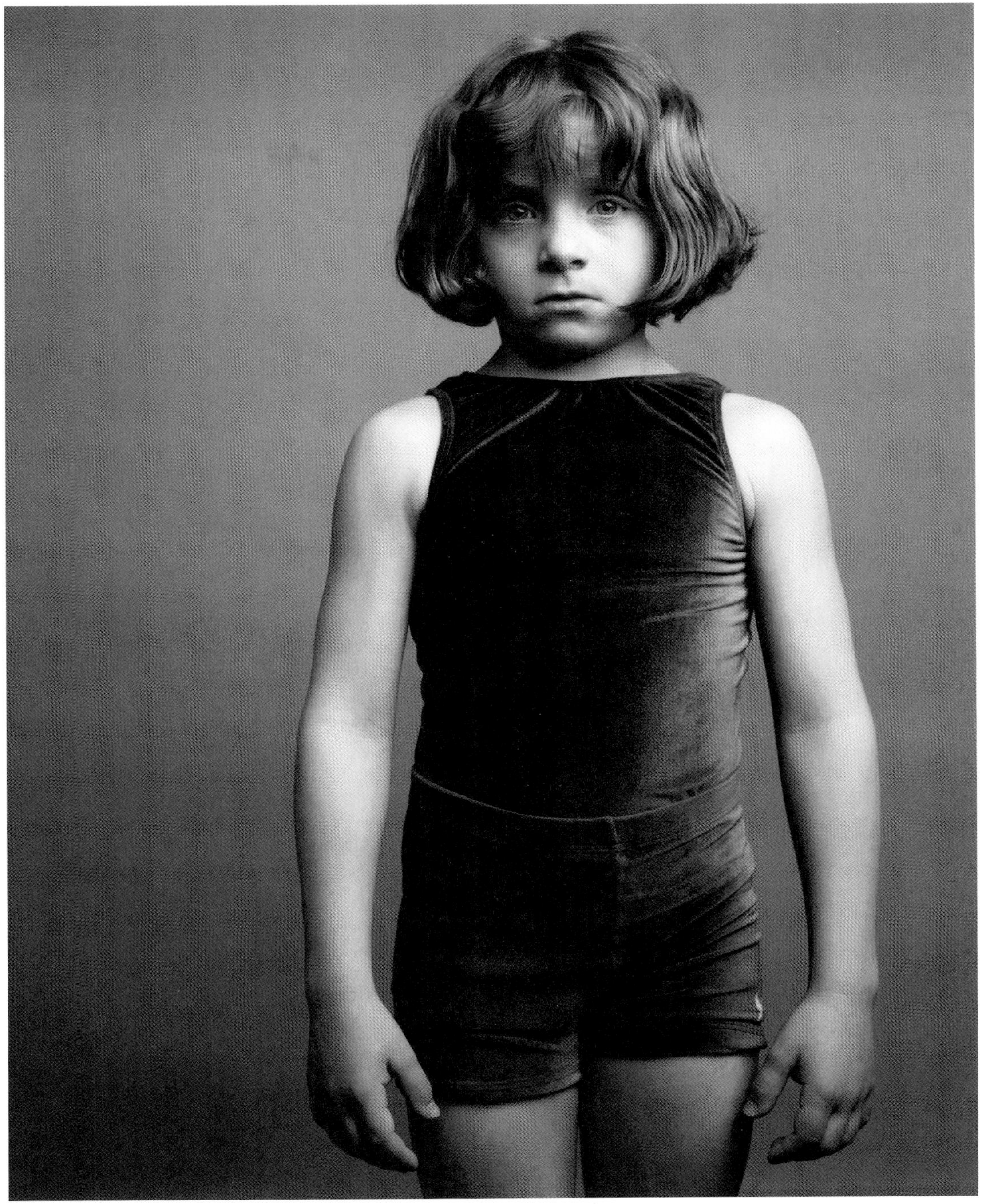

Köln 2004

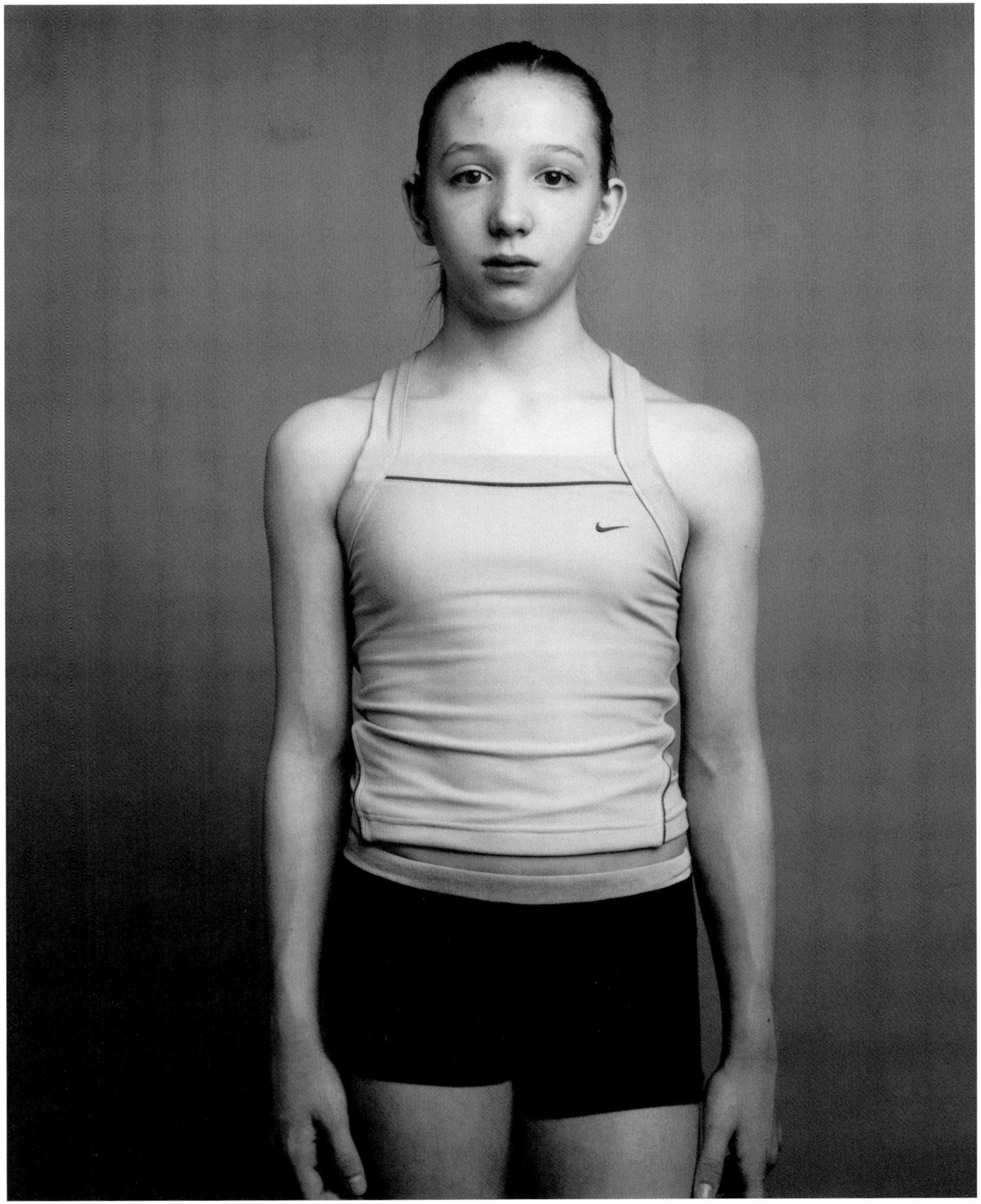

Köln   2004

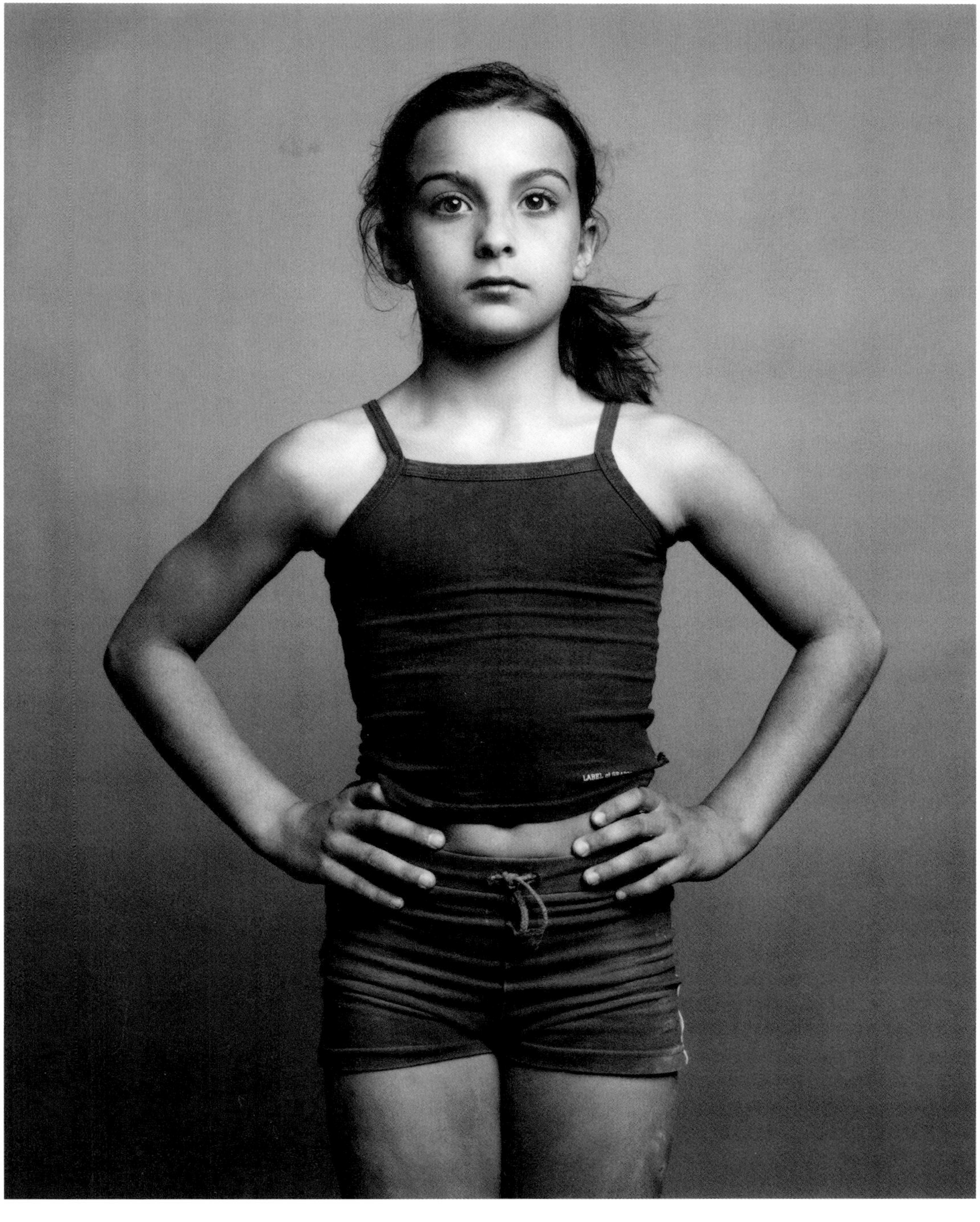

Hamburg   2005

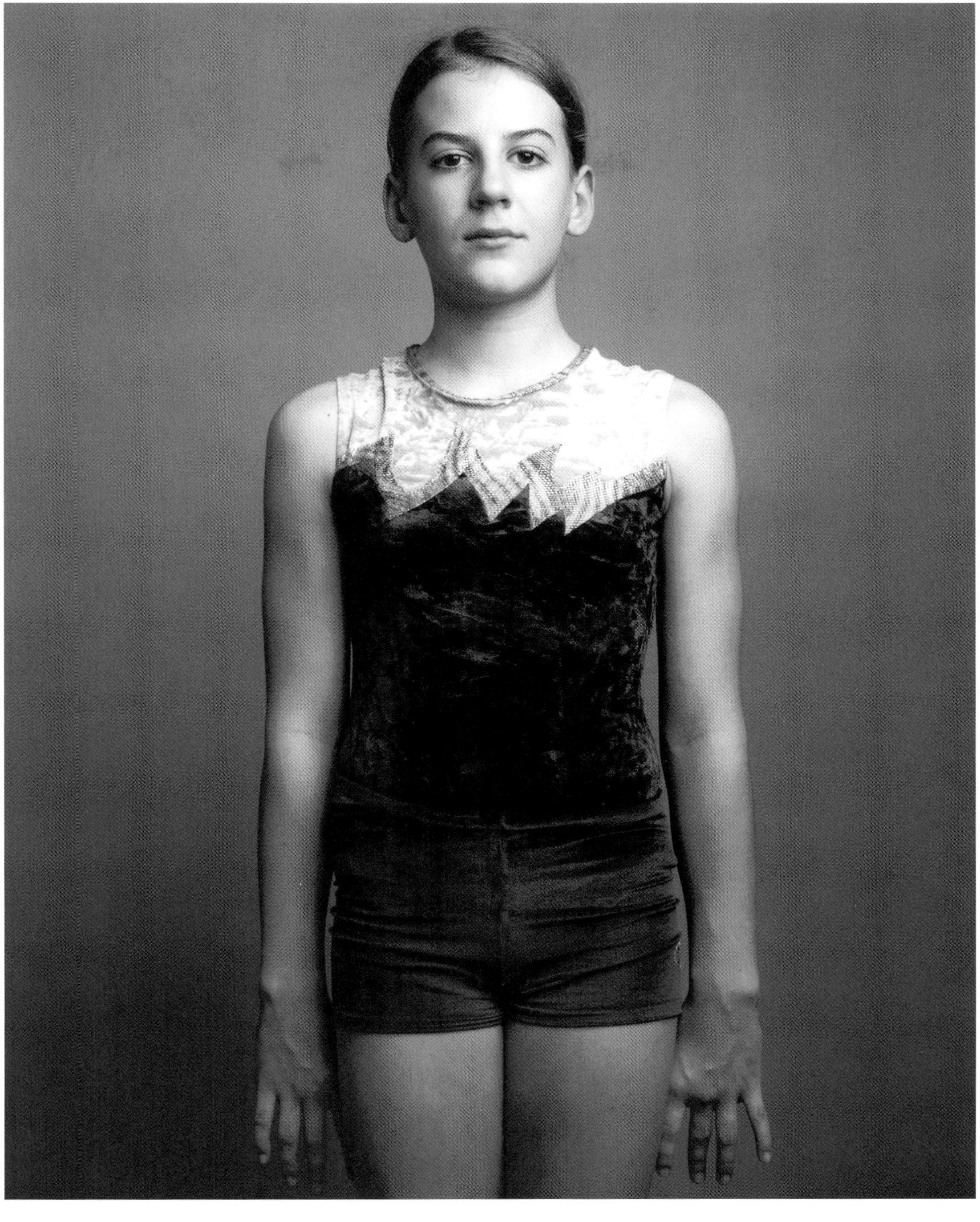

Köln 2004

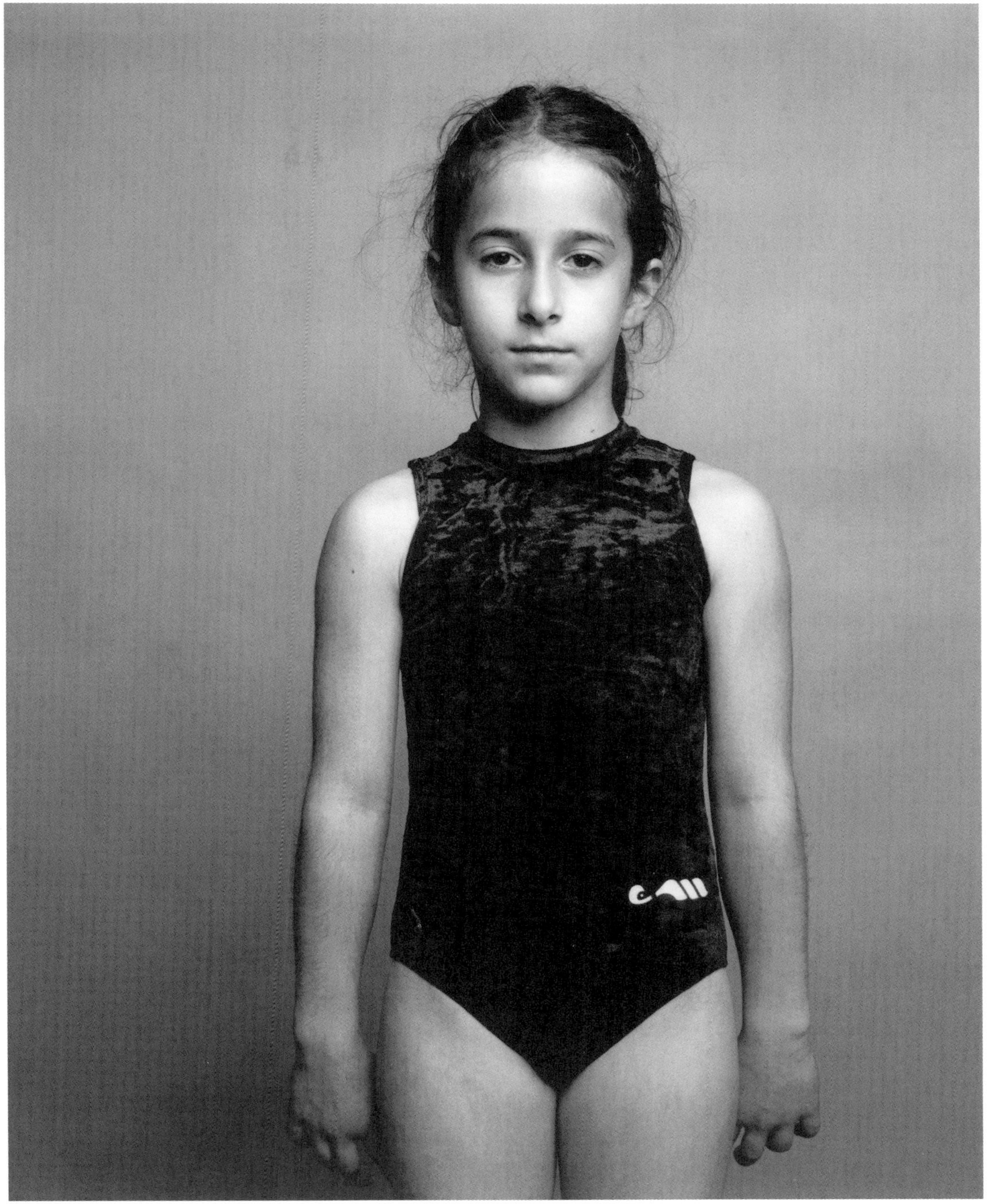

Hamburg   2005

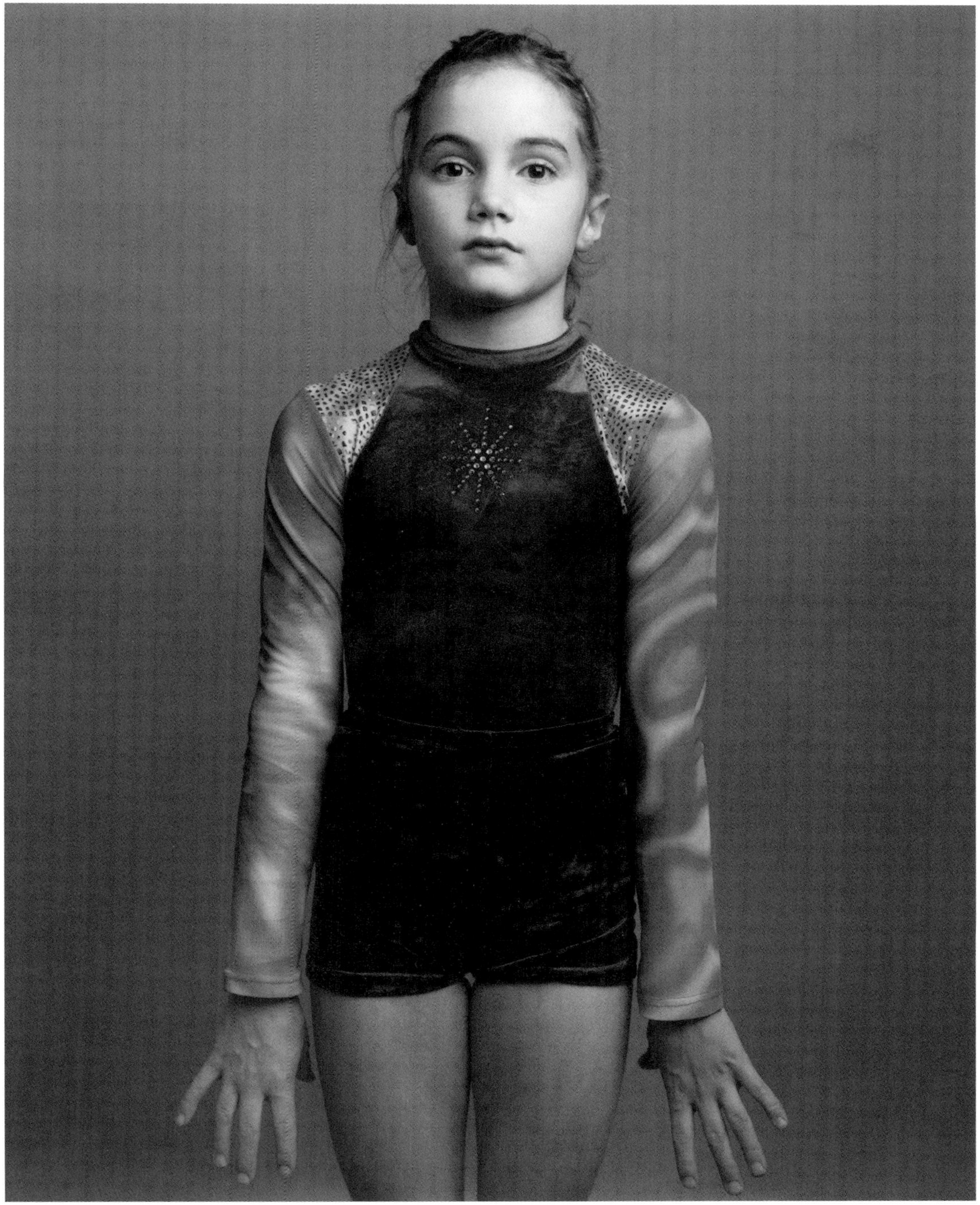

Ich liebe dich, lass mich in Ruhe!

Nacht 2006

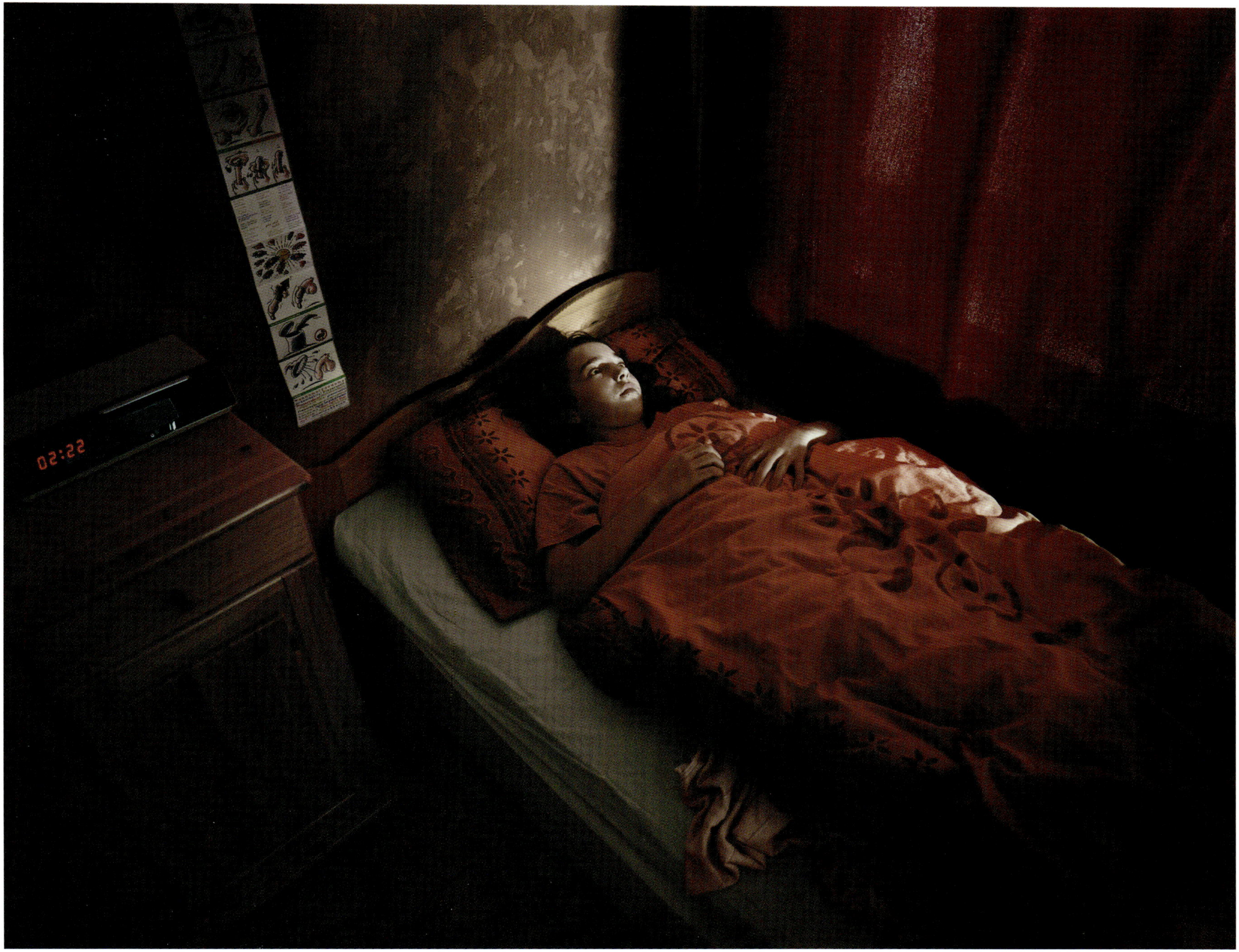
02:22

Nasinja   2006

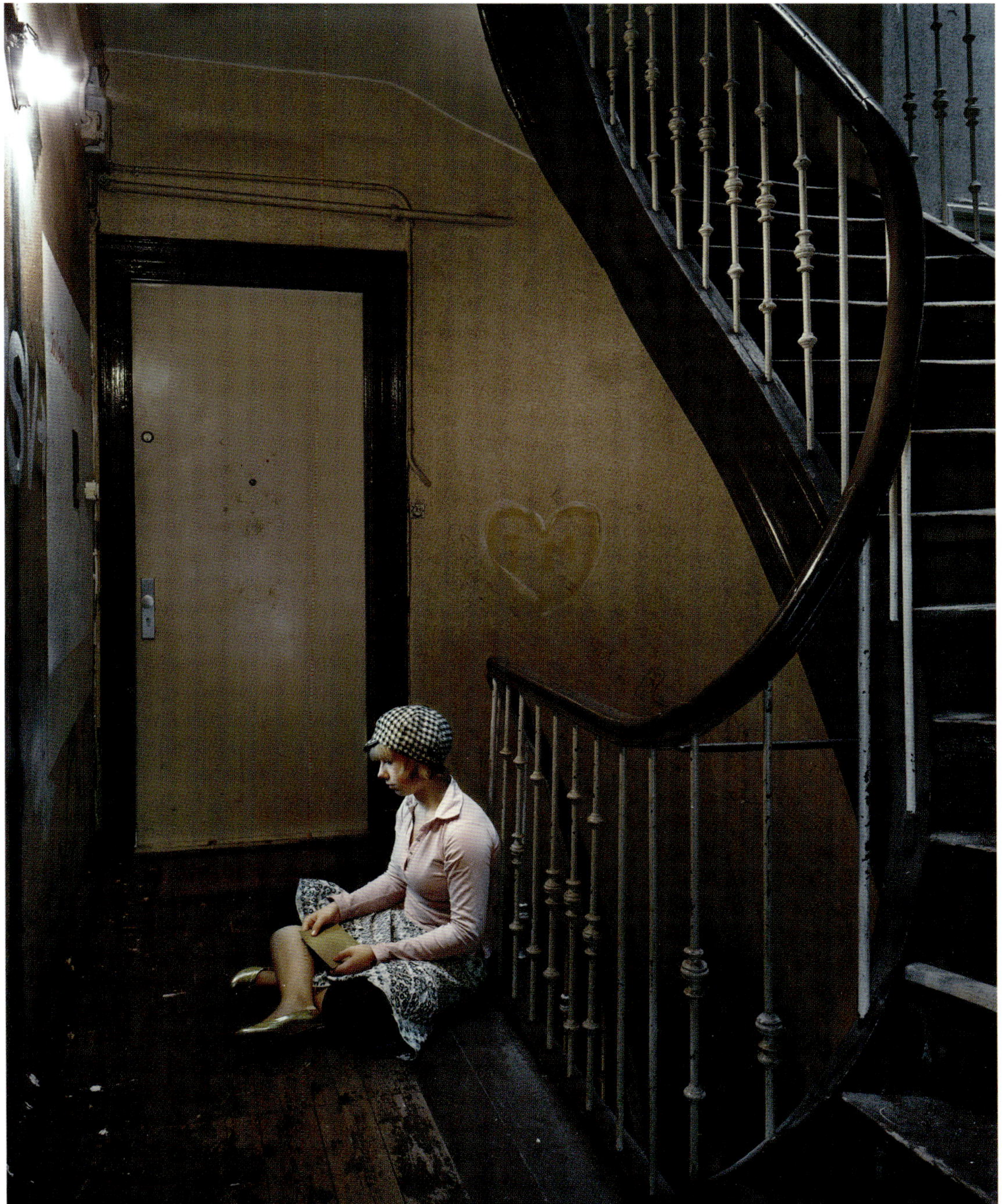

Marie und Darlin   2007

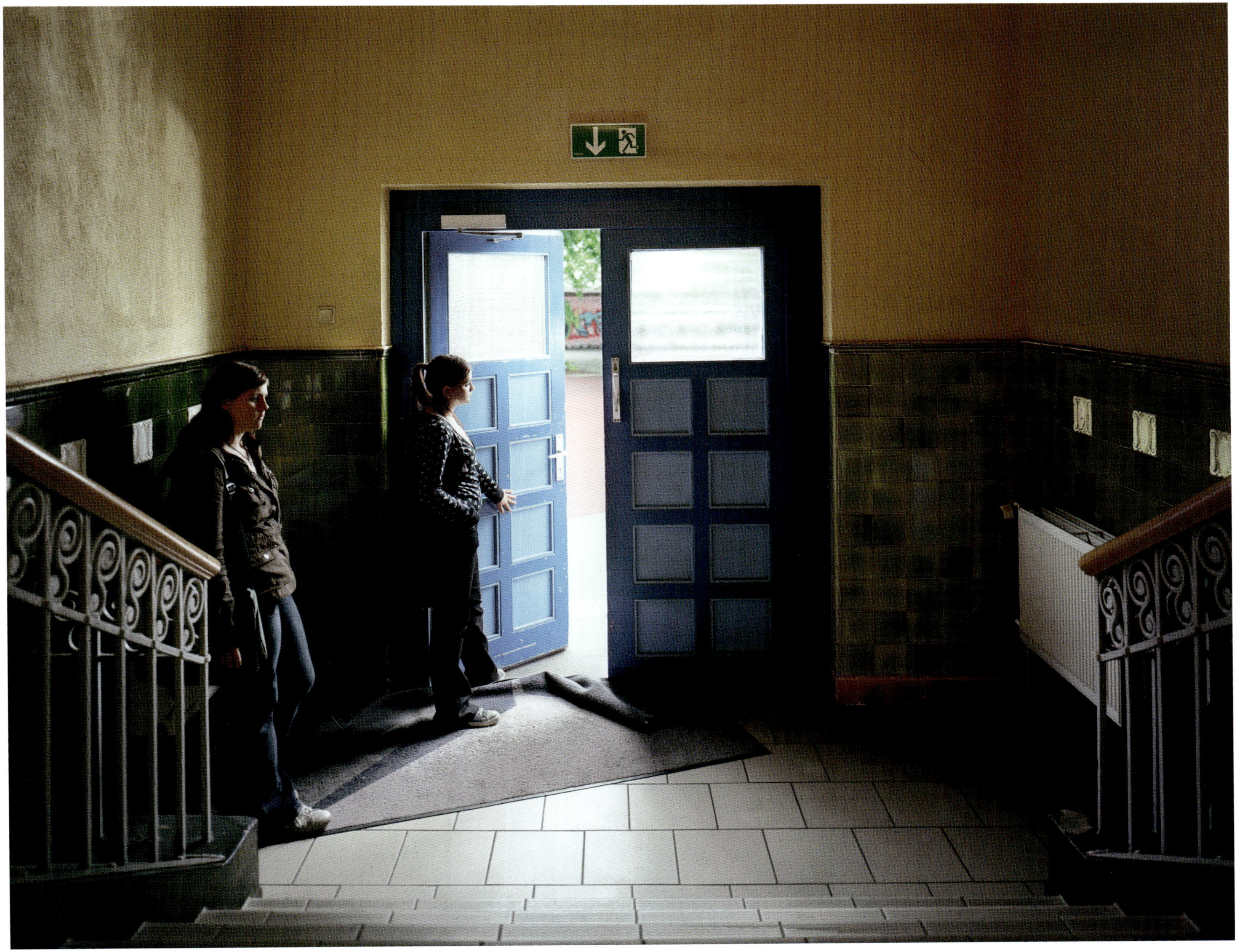

Josephine und Franziska   2007

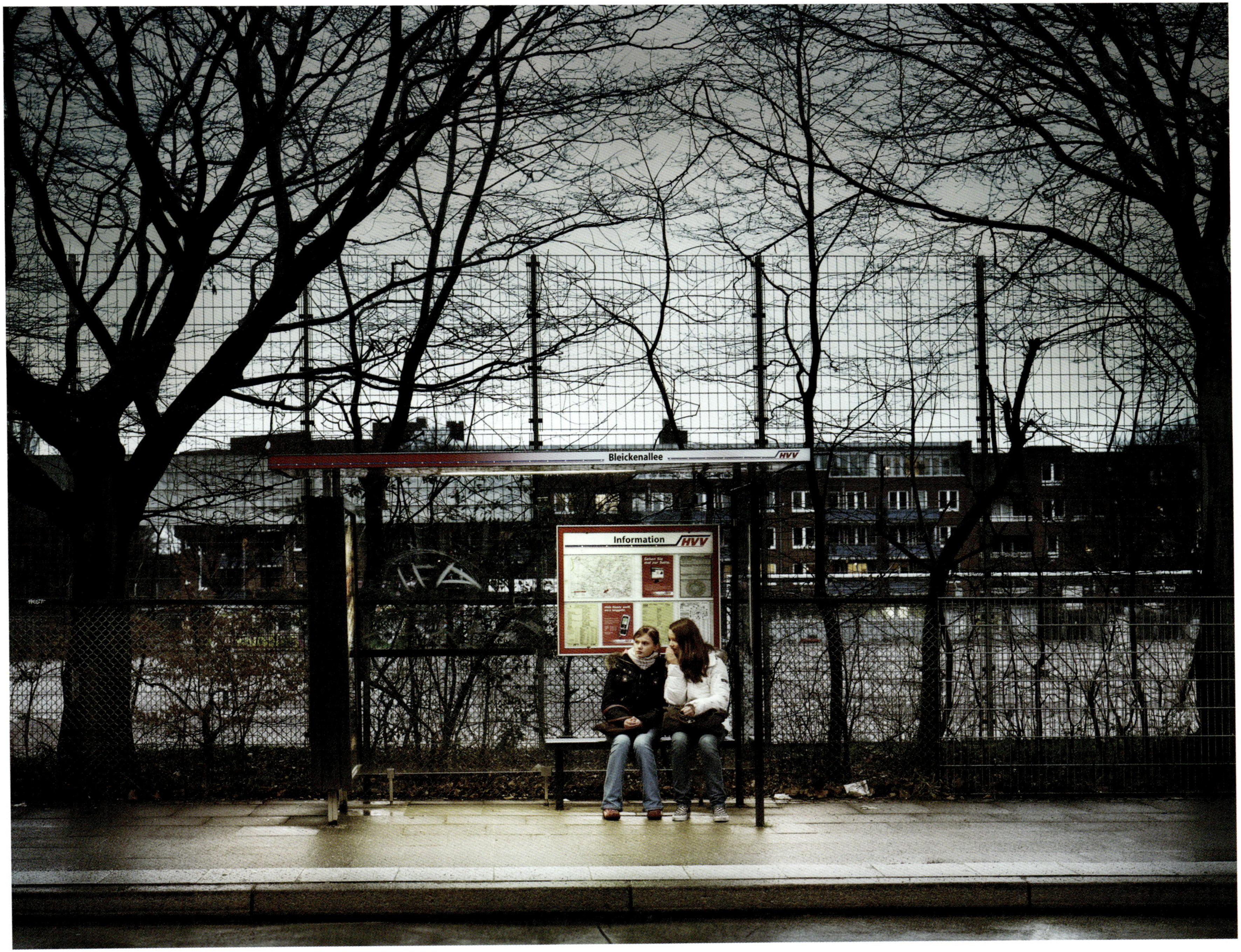
Bleickenallee
HVV
Information
HVV

Laura   2006

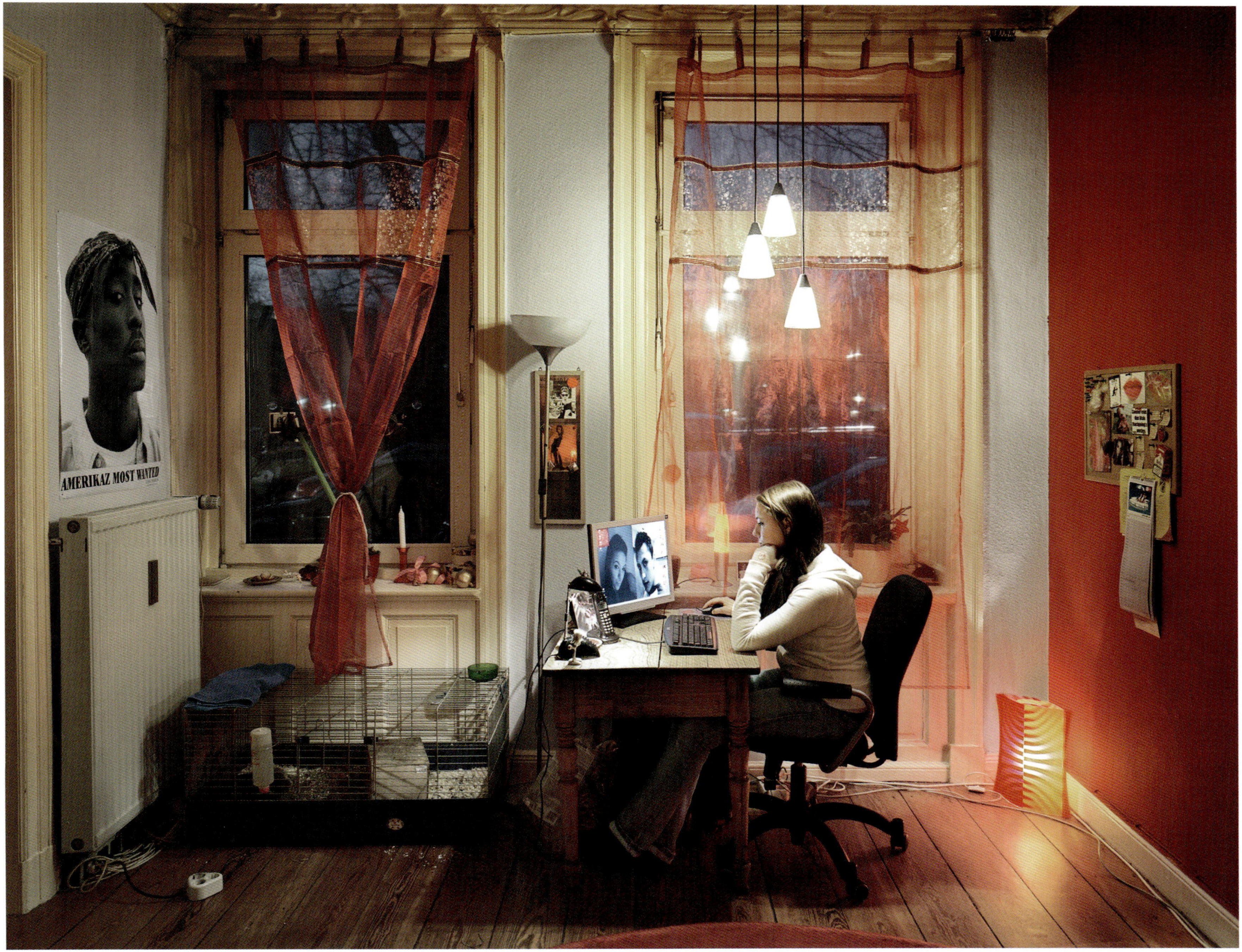
AMERIKAZ MOST WANTED

Marleen   2007

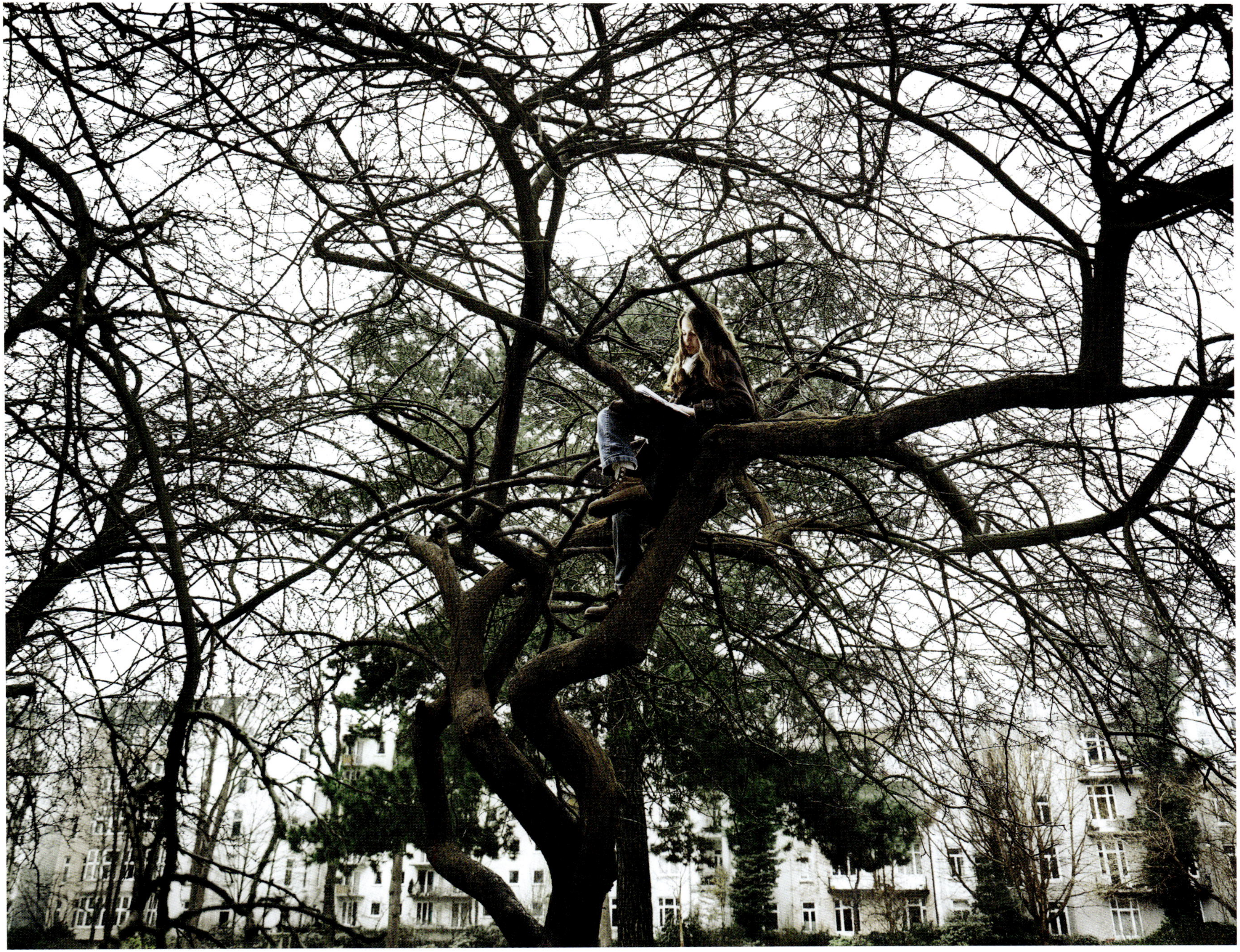

Lea   2007

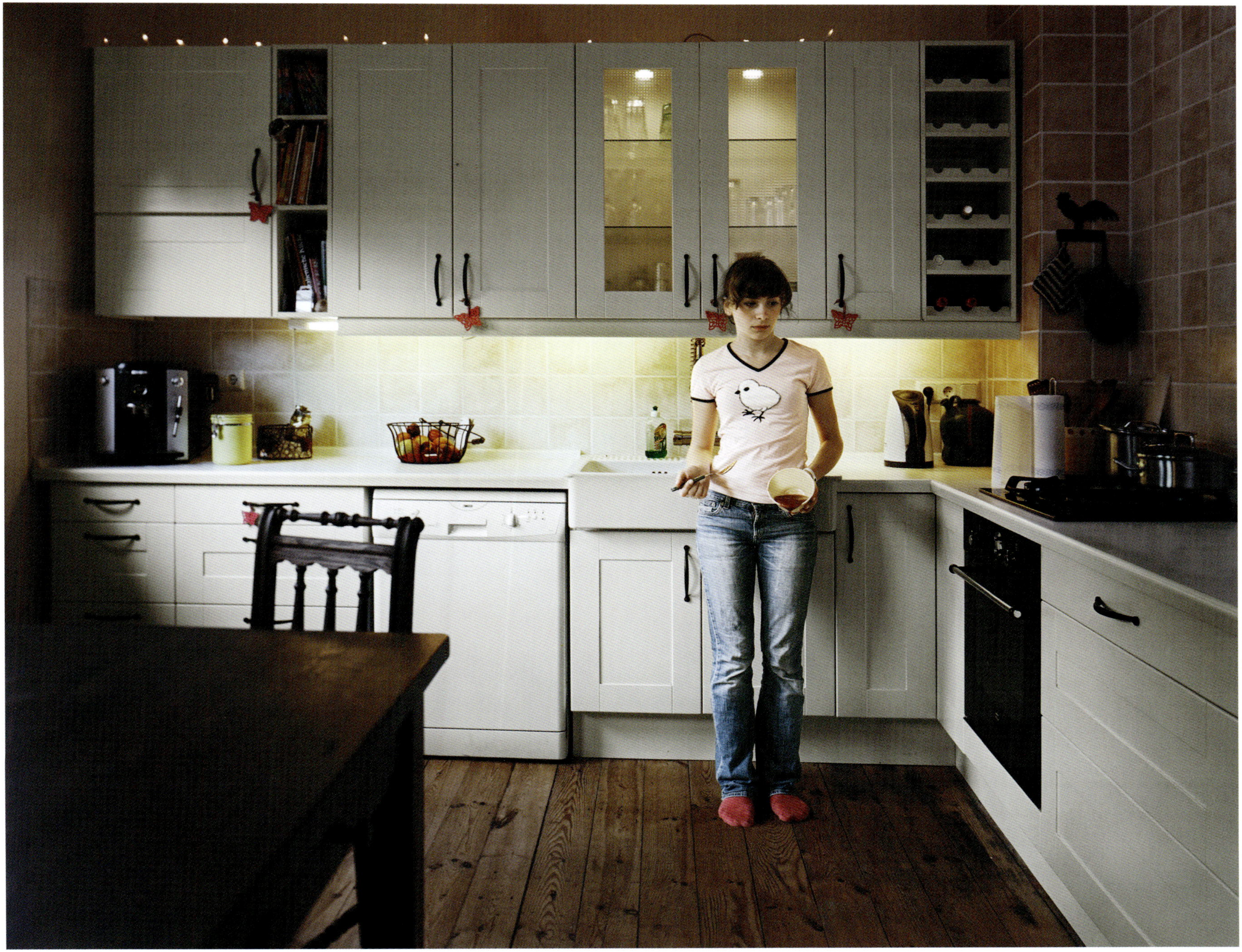

Spiegel   2007

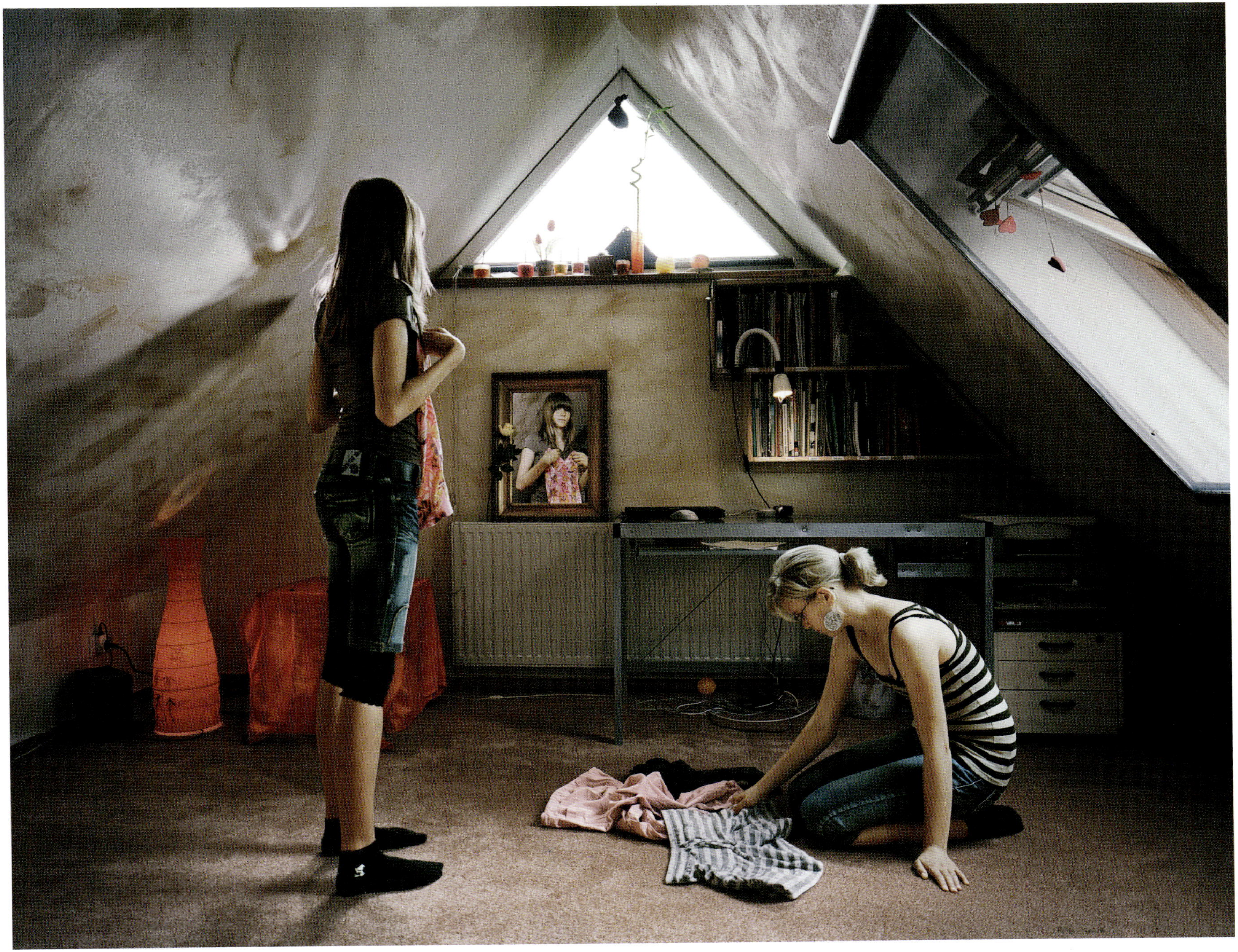

Malte und Svea   2007

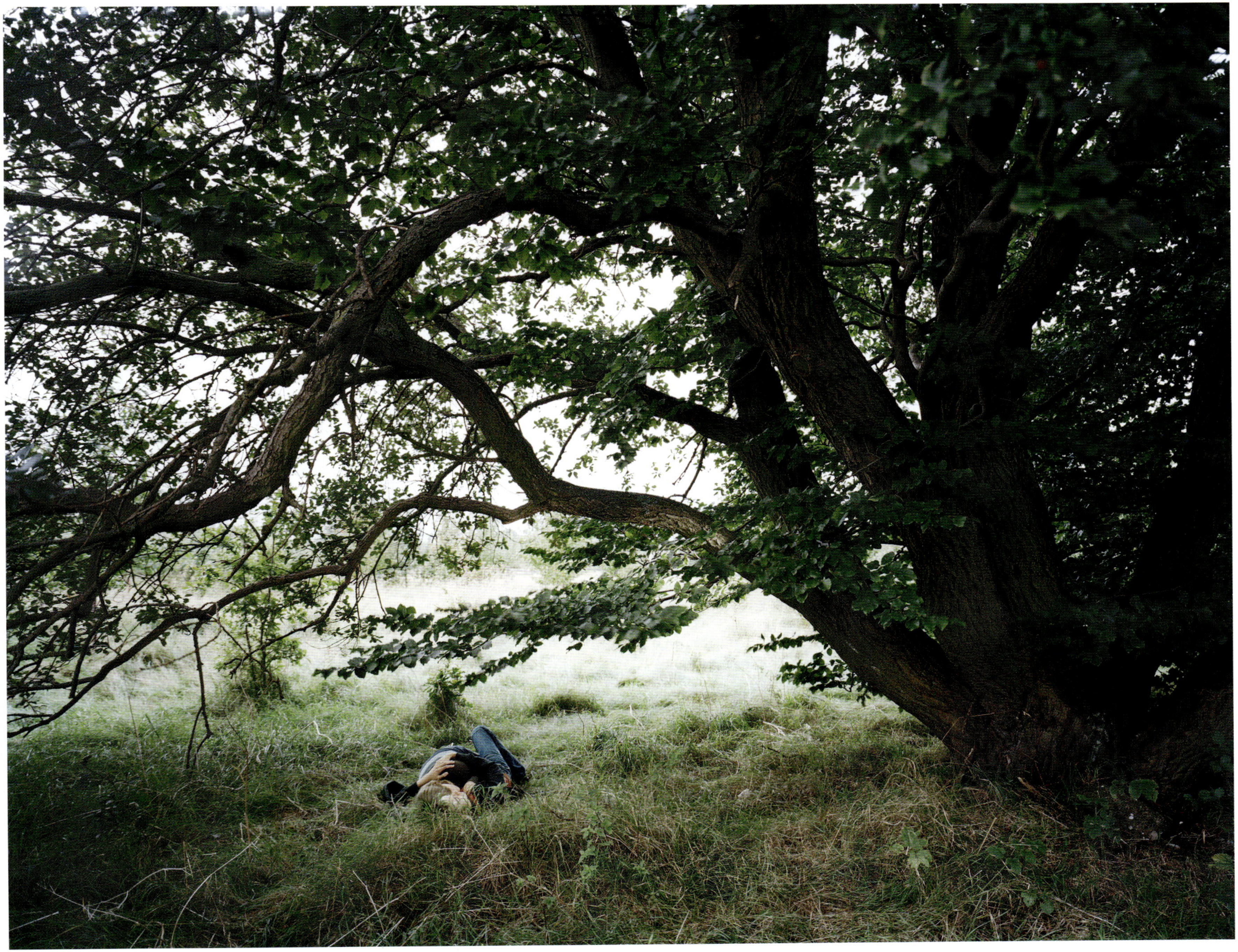

Friederike und Inken   2007

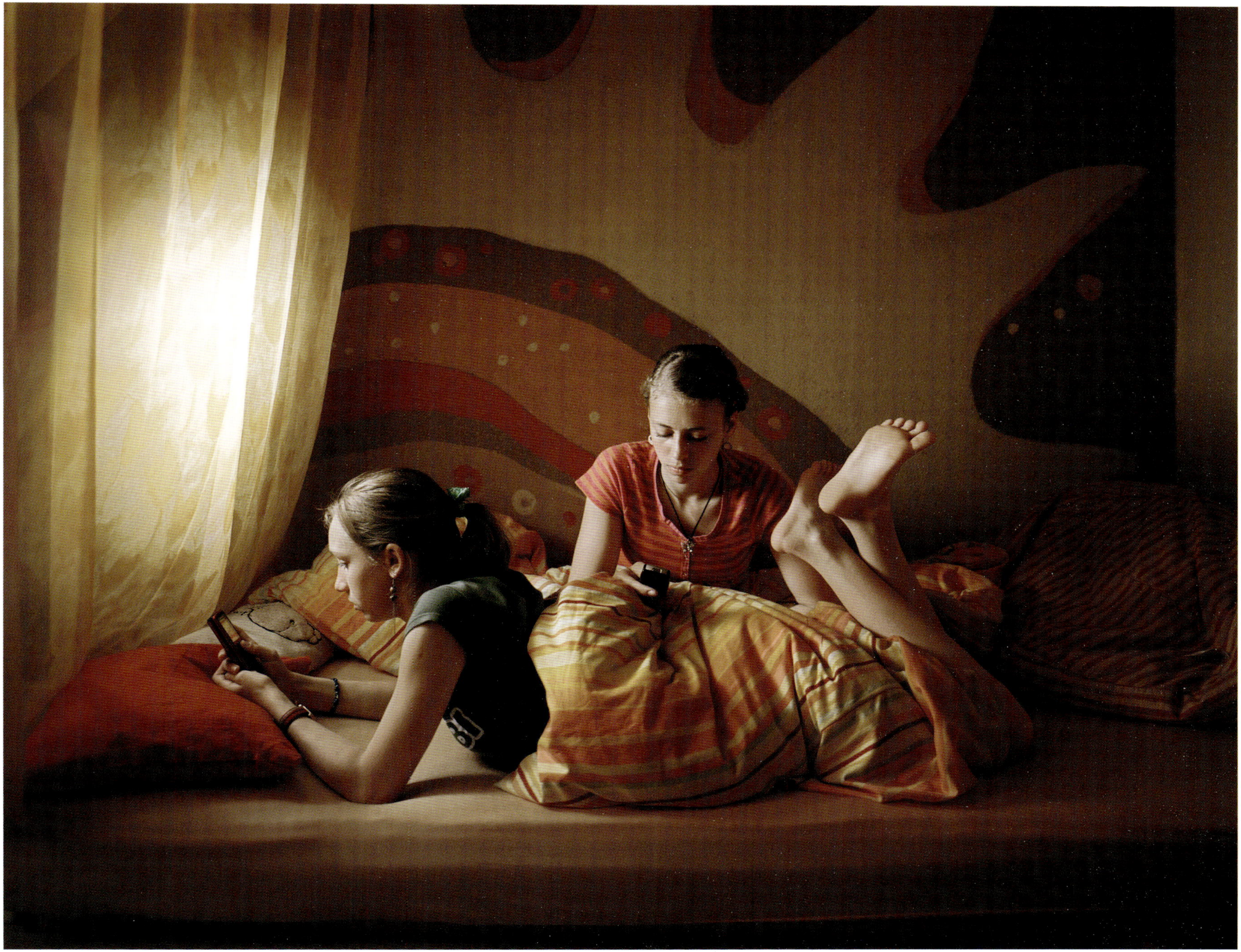

Annekathrin   2007

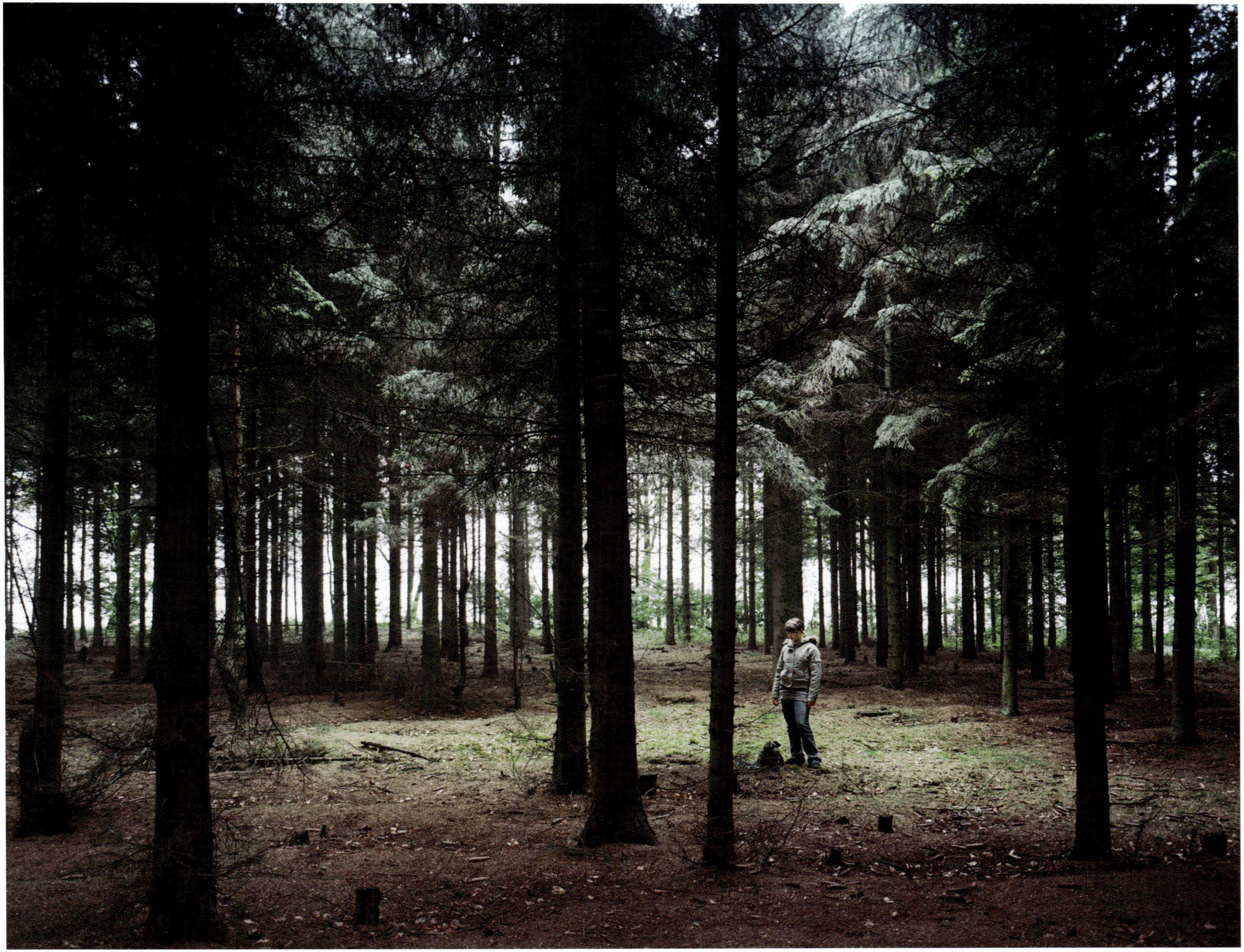

Zino   2007

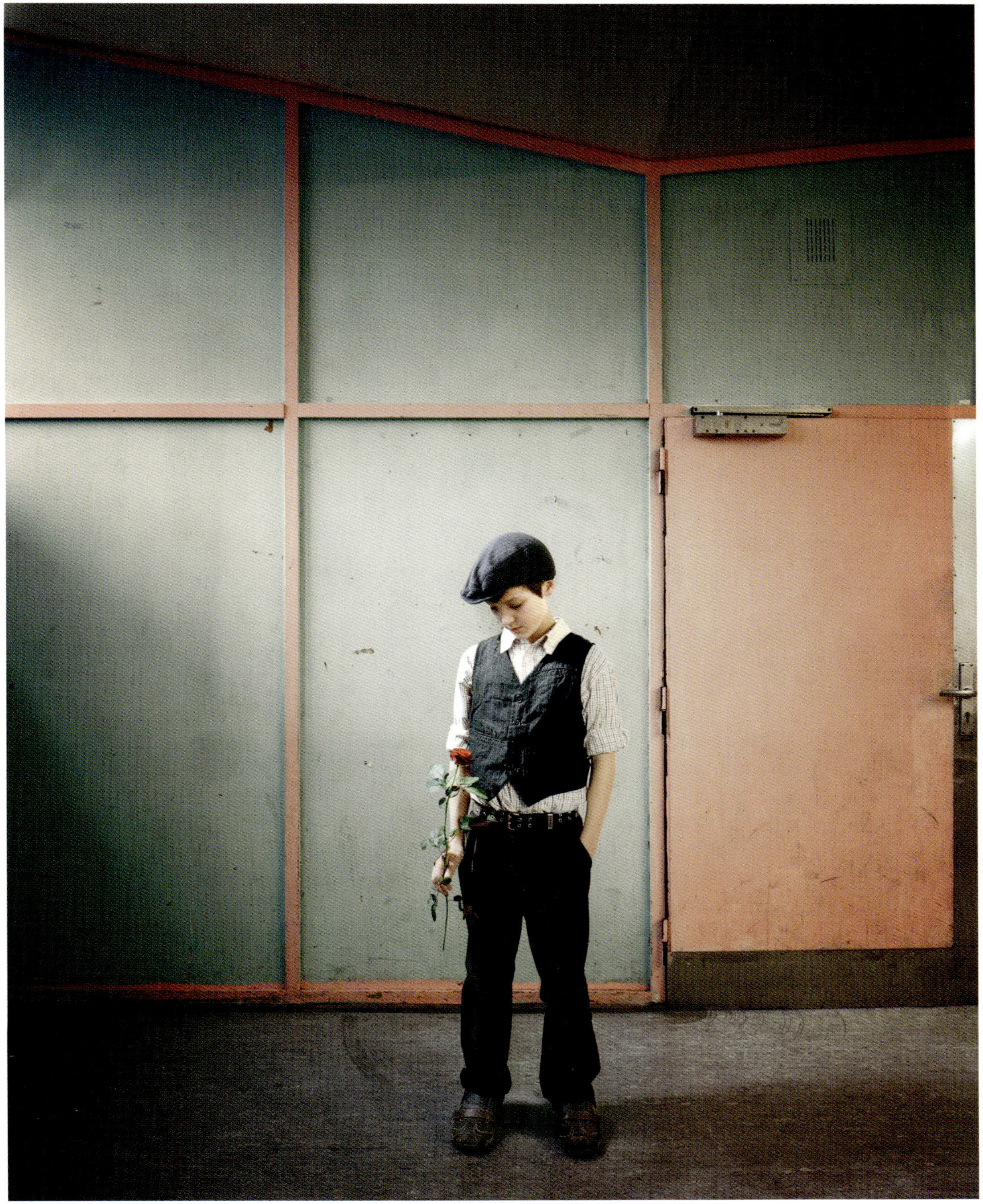

„Es gibt ein großes und doch ganz alltägliches Geheimnis. Alle Menschen haben daran teil, jeder kennt es, aber die wenigsten denken je darüber nach. Die meisten Leute nehmen es einfach so hin und wundern sich kein bisschen darüber. Dieses Geheimnis ist die Zeit."
Michael Ende, Momo, 1973

Wesentliches Merkmal des Mediums ist, dass sich eine jede Fotografie auf eine winzige zeitliche Sequenz bezieht, die mit dem Geräusch des Auslösers und dem darauf erfolgenden Verschluss der Kamera unerbittlich in die Vergangenheit verbannt ist. Dieses Charakteristikum steht in starker inhaltlicher Korrespondenz zu dem Thema, das Johanna Manke nachhaltig fasziniert: „Kinder leben in einer Welt, die sich im Laufe des Erwachsenwerdens verschließt. ... Die Kindheit überlebt nur noch als Erinnerung. Dadurch haben Kinder für mich etwas Unbegreifliches, etwas, das zugleich fremd und vertraut erscheint." Die hier formulierte Ambivalenz ihrer Empfindung spiegelt ihre grundlegende Motivation zur Auseinandersetzung mit dem Thema im Bewusstsein der Tiefe der Kluft, die zwischen Erwachsen- und Kindsein existiert.

Die Serie „Turnerinnen" (2004–2005) entstand während des Trainings der zwischen sieben und vierzehn Jahre alten Mädchen im Geräte- und Bodenturnen direkt in der Halle oder in den Geräteräumen vor einem neutralen Hintergrund. Die Beschränkung auf maximal zwei Expositionen pro Porträt verhinderte dabei nicht nur das Auskühlen der Mädchen, sondern erwies sich als außerordentlich günstige Inszenierungsmöglichkeit: Die hohe Konzentrationsfähigkeit der Kinder, die direkt aus der Trainingssituation vor die Kamera traten, übertrug sich in Haltung und Ausdruck auf die Aufnahmesituation. Die deutlich definierte Muskulatur der Arme und Oberschenkel und die teilweise ungewöhnlich großen Hände zeugen von den immensen körperlichen Veränderungen der Mädchen im Prozess der Entwicklung zur Leistungssportlerin, infolgedessen ihre Körper erheblich von kindlichen Proportionen abweichen. Ihr Blick in die Kamera offenbart dabei nichts als den Blick auf eine innere Welt, die dem Betrachter verschlossen bleibt und nur in den Mädchen selbst existiert. In den ernsten, reifen Wesen, die sich statuarisch geduldig in Frontalität der Kamera stellen, scheint eine konkrete Vorahnung auf ihr zukünftiges Leben als Erwachsene und den damit einhergehenden Lebenskampf zu liegen. Weise und gefasst scheinen sie zu ahnen, was sie erwartet. Weder die intensive körperliche Präsenz noch die hohe Dichte der Konzentration entsprechen dem Alter der porträtierten Kinder und lösen nachhaltig Irritation aus. Die schwarz-weiße Wiedergabe lädt die spannungsreiche Wirkung der Erscheinung des einzelnen Mädchens zusätzlich auf.

Manke selbst hat diese kraftgebende und zugleich kraftraubende Leistungssportart im gleichen Alter intensiv ausgeübt. Die erwachsene Fotografin erinnert sich an die dazu erforderliche obsessive Leidenschaft und völlige Hingabe genauso wie an die notwendige Schnelligkeit, Ausdauer und den Willen, körperliche wie psychische Grenzen zu überschreiten. Für die Dauer der Belichtungszeit werden die Mädchen zum verlebendigten Moment eigener Erinnerung.

Mankes als *work in progress* ab 2006 entstandene Bildserie wirkt im Gegensatz zu den „Turnerinnen" auf den ersten Blick unspektakulär. Fast beliebig scheinen die Orte gewählt – ein Gebüsch vor einem hohen Maschendrahtzaun im urbanen Gefüge, eine weite winterliche Landschaft, ein Buchenwäldchen an einem See oder gar eine Schrankwand in einem Wohnzimmer. Der zweite Blick erfolgt sehr viel sorgfältiger, er tastet vorsichtig die Bildoberfläche ab, bis er das Kind entdeckt, das aus dem Grün hervorlugt, sich unter einem Boot versteckt, in einer Erdhöhle kauert oder ganz einfach in sich versunken ist. Spätestens der Titel der Serie „Geheime Orte" weist den Weg: Es handelt sich nicht etwa um „Tatorte", wie sie etwa Joel Sternfeld fotografiert hat (1996), sondern um Orte des ganz freiwilligen und notwendigen kindlichen Rückzugs aus der Welt. Es sind Plätze, die sorgfältig vom Eindringen der Erwachsenen und aller anderen abgeschottet und verborgen liegen. Geheime Verstecke, die aus dem kindlich umgesetzten Recht auf Privatsphäre und Intimität entstehen, die ein „Dort" beschreiben, „wo man sein darf". Manke, die für die Umsetzung der Bildserie an sechs verschiedenen Schulen mit etwa 150 Kindern sprach, erarbeitete die einzelnen Bilder gemeinsam mit dem jeweiligen Kind. Achtsam tritt die Fotografin mit ihrer großformatigen Kamera vor den geheimen Orten der Kinder zurück. In dem Bewusstsein, eine vertrauensvoll eingeweihte Besucherin zu sein, entsteht ein jedes Bild der Serie aus einer größeren, respektvoll eingenommenen Distanz. Der als „geheim" erklärte Ort bewahrt dabei trotz seiner fotografischen Dokumentation die ihm eigene Magie: So lässt er sich zwar in größter Präzision und Schärfe abbilden; was genau aber nun an diesem Ort geschieht, bleibt sowohl der Fotografin als auch dem Betrachter verborgen. Der erwachsene Blick der Kamera gibt das kindliche Geheimnis nicht preis. Indem er der Oberfläche verhaftet bleibt, offenbart Manke die Bedeutungstiefe des Ortes, ohne dabei zu entlarven. Das Geheimnis, das die Phantasie des Kindes entzündet, bleibt unangetastet und geschützt.

Ein ähnliches Konzept unterliegt der Serie „Ich liebe dich, lass mich in Ruhe!", die, ebenfalls als *work in progress*, ab 2007 entstand. Der Titel stammt von einem Mädchen, die diesen Satz auf ein Bettlaken gesprüht hat, um es gut sichtbar für ihren Exfreund von ihrem Balkon hängen zu lassen. Manke thematisiert die erste Liebe, die oft nur „in Gedanken", dabei aber nicht weniger intensiv erlebt wird. Die einzelnen Arbeiten entstanden auch hier in enger Kooperation mit den Jugendlichen im Alter zwischen 12 und 14 Jahren. Sie visualisieren Szenen jener emotionalen Ausnahmezustände, die zwischen Euphorie und tiefer Verzweiflung, zwischen dem Anspruch auf die Ewigkeit des Gefühls und der Entdeckung der gleichzeitig mit ihm einhergehenden Flüchtigkeit liegen können. Auf der Basis von Interviews, die Manke für ihre Arbeit mit rund 300 Jugendlichen führte, erarbeitete sie gemeinsam mit den Jugendlichen narrative Momentaufnahmen authentischer Erlebnisse. Jedes Bild fokussiert dabei einen Moment des Innehaltens im Verlauf einer solchen Liebesgeschichte, in dem eine neue tief greifende persönliche Erfahrung gemacht wurde.

Manke erkundet in dieser Arbeit die Grenzlinie zwischen Dokumentation und Inszenierung sehr viel deutlicher als zuvor. Indem sie ihre fotografische Technik erweitert, gelingt es ihr, ein sehr viel umfangreicheres Spektrum an bildgestalterischen Inszenierungsmöglichkeiten zur Umsetzung der einzelnen Arbeit in Anspruch zu nehmen. Den Ausgangspunkt ihrer Arbeit bildet die Großbildkamera, die entstandenen Arbeiten werden in einem nächsten Schritt digitalisiert und sorgfältig überarbeitet. Manke bevorzugt in der Aufnahmesituation lange Belichtungszeiten, da aufgrund der erhöhten Konzentration, die dieses Vorgehen ihren Protagonisten abnötigt, eine erhöhte Intensität im Ausdruck entsteht. Manche der Jugendlichen strahlen mittels des eingesetzten Blitzlichtes aus der Szene hervor und werden dadurch gleichzeitig aus der Umgebung isoliert. Das unübersichtlich wirre Geäst eines Baumes zeichnet die komplexen Gedankenstrukturen des in ihm sitzenden Mädchens nach. Bei anderen Aufnahmen entfaltet die Fotografin mittels einer bewusst entsättigten Farbigkeit eine fahle, unwirkliche Atmosphäre, die möglicherweise bereits vom Verblassen der Erinnerung an den dargestellten seelischen Zustand nach dem Auslösen der Kamera seitens der Kinder zeugt.

Ähnlich wie in der Serie „Geheime Orte" geht es um die Unmöglichkeit der Visualisierung innerer Zustände, die sich nach außen nur lapidar darstellen – die Tiefe der Emotionen, die unter Umständen dramatische Ausmaße annehmen können, spielt sich in den Kindern selbst ab. Die vollständige Handlung bleibt auch hier dem Betrachter verschlossen, wiederum trifft er auf die natürliche Grenze des Darstellbaren. Die Serie wird insbesondere durch das Zusammenspiel von direkt bei der Aufnahme wirksam werdenden und nachträglich digital erarbeiteten gestalterischen Elementen unmerklich von realistischen Gegebenheiten entfernt. Johanna Manke nähert sich auf diese Weise behutsam formal wie auch inhaltlich den Gedankenwelten der Jugendlichen an.

Sie setzt dort an, wo sich ihr Thema hartnäckig dem visuellen Zugriff entzieht. Ihre Publikation „Geheime Orte" offenbart sowohl geheime Orte als auch verborgene Vorstellungen, die beim Betrachten der einzelnen Arbeiten entstehen. Beeinflusst durch die Beschäftigung mit herausragenden fotografischen Vorbildern wie Rineke Dijkstra, Nan Goldin, aber auch August Sander Diane und Arbus gelingt es Manke, ihre drei Bildserien „Turnerinnen", „Geheime Orte" und „Ich liebe dich, lass mich in Ruhe!" einer eindeutigen als auch vorschnellen Verortung zu entheben.

Durch die bewusste Entscheidung der Fotografin, die befremdliche Ambivalenz zwischen erwachsener und kindlicher Wahrnehmung nicht mit eigenen, aus der erwachsenen Sichtweise stammenden und somit hineininterpretierten Vorstellungen zu füllen, sondern sie fragmentarisch zu belassen, bleibt auch der Betrachter auf sich selbst, das Verstreichen der Zeit und seine Erinnerung auf die eigene Kindheit zurückgeworfen.

Dr. Sabine Schnakenberg, Februar 2009

Danksagung

Für die Verwirklichung dieser Arbeit möchte ich zunächst meinem Verleger Roman Pliske danken, der dieses Buch mit so großem Engagement und Glauben an meine Arbeit ermöglicht hat. Ebenso möchte ich den Autoren Nina Jäckle und Sabine Schnakenberg für ihre Mitarbeit danken. Mein ganz besonderer Dank gilt allen Kindern und Jugendlichen, ohne die diese Arbeiten nicht zustande gekommen wären. Ein sehr herzlicher Dank gilt der Patriotischen Gesellschaft Hamburg und der Agentur Scholz & Friends, die mir durch Stipendien die Konzentration auf diese Projekte ermöglicht haben. Ebenso bedanke ich mich bei meinen ehemaligen Professoren und Dozenten: Vincent Kohlbecher, Ute Mahler, Wilhelm Körner, Egbert Haneke, Silke Grossmann und Jitka Hanzlova. Unsere kritischen Auseinandersetzungen haben meinen Blick auf die Welt immer wieder neu geschärft und sensibilisiert.

Biografie

Johanna Manke studierte Visuelle Kommunikation an der Hochschule für bildende Künste und Kommunikationsdesign an der Fachhochschule für Gestaltung in Hamburg. Schon während ihres Studiums assistierte sie für verschiedene Werbe- und Reportagefotografen im In- und Ausland. Heute lebt und arbeitet sie als Fotografin in Hamburg. Ihre freie Arbeit wurde mehrfach ausgestellt und ausgezeichnet.

Preise und Stipendien

2004 Hochschulstipendium der HfbK Hamburg durch den Freundeskreis der Hochschule
2005 Stipendium für Dokumentarfotografie, Patriotische Gesellschaft, Hamburg
2006 Anerkennung (Goethe-Institut, München/Warschau) „Gebrauchsanweisung Deutschland – Polen"
2006 Scolarship for creative exellence, Scholz & Friends Berlin
2006 Kodak Nachwuchs Förderpreis
2007 Nominierung World Press Masterclass

Ausstellungen

„Internationale Fotoausstellung" Gruppenausstellung, Hamburg	2004
„Turnerinnen / Geheime Orte", Einzelausstellung Galerie 11, Hamburg	2006
„Gebrauchsanweisung Deutschland–Polen", Gruppenausstellung in Warschau und Krakau	2006
„Ausgezeichnete Arbeiten: BFF/Kodak Nachwuchsförderpreis", Gruppenausstellung, Photokina, Köln	2006
„Ausgezeichnete Arbeiten: BFF/Kodak Nachwuchsförderpreis", Pressehaus Gruner und Jahr, Hamburg	2006
„Ausgezeichnete Arbeiten: BFF/Kodak Nachwuchsförderpreis", Stuttgart	2006
„Gebrauchsanweisung Deutschland – Polen", Gruppenausstellung, Haus der Wirtschaft, Stuttgart	2007
„Gebrauchsanweisung Deutschland – Polen", Gruppenausstellung White Box, München	2007
„Birds Opening" Gruppenausstellung, Kunsthaus Hamburg	2007
Einzelausstellung, Altonaer Museum, Hamburg	2009
Gruppenausstellung, Palais für aktuelle Kunst, Glückstadt	2009

Bibliografische Information der Deutschen Nationalbibliothek

Die Deutsche Nationalbibliothek registriert diese Publikation in der Deutschen Nationalbibliografie; detaillierte bibliografische Daten im Internet unter http://www.d-nb.de.

Alle Rechte vorbehalten.
Das Werk ist urheberrechtlich geschützt. Jede Verwertung außerhalb der Freigrenzen des Urheberrechts ist ohne Zustimmung des Verlages unzulässig und strafbar. Das gilt insbesondere für Vervielfältigungen, Übersetzungen, Mikroverfilmungen und die Einspeicherung und Verarbeitung in elektronischen Systemen.

2009
© mdv Mitteldeutscher Verlag GmbH, Halle (Saale)
www.mitteldeutscherverlag.de

Gesamtherstellung: Mitteldeutscher Verlag, Halle (Saale)

ISBN 978-3-89812-636-6

Printed in Germany